In 4/. 1858.

MME V^{VE} SERRET

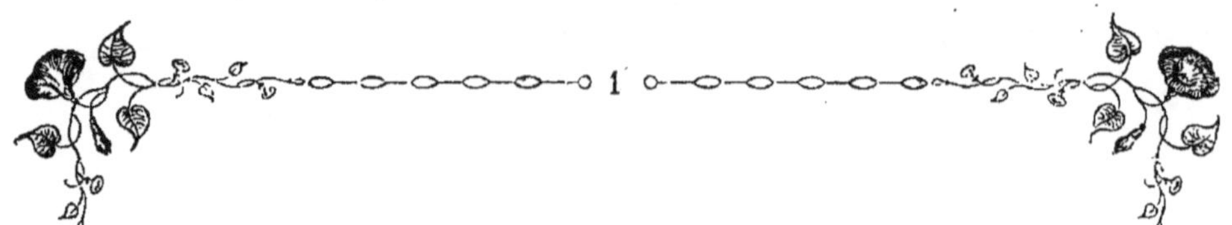

NOTICE BIOGRAPHIQUE

SUR

MME V^{VE} SERRET

DÉCÉDÉE A VALENCIENNES LE 10 JANVIER 1833.

Honorez les veuves qui sont véritablement veuves.
à Timothée V. 3.

Octavie-Félicité-Josèphe BECQUART, née à Menin le 3 avril 1750, fille de Jacques-François BECQUART et de Jeanne-Marie-Madeleine-Monique VAN RUYMBEKE, épousa le 17 février 1767 Georges-Auguste-François-Joseph SERRET, qui faisait à Valenciennes le commerce de batistes. Elle en eut dix enfants; deux moururent en bas âge et les huit autres se marièrent.

L'excellente mère avait eu soin d'inspirer de bonne heure à tous les siens l'amour de l'ordre, qui fait trouver du temps pour tout, outre qu'il est une condition de la félicité domestique. Chaque chose se faisait à point nommé; les heures des repas étaient réglées et invariables.

On déjeûnait à huit heures, et toujours après avoir assisté à la messe. Puis chacun se mettait au travail. Les jeunes filles apprenaient tous les ouvrages utiles, et recevaient des leçons particulières de quelques maîtres du dehors et surtout de leurs frères aînés. On dinait à midi; puis, après une récréation suffisante, chacun retournait à ses occupations. Elles étaient suspendues un instant à quatre heures pour le goûter. L'ouvrage était repris jusqu'à six heures. Alors on se rendait au salut du St-Sacrement.

Au retour, Madame Serret faisait sa tournée, pour visiter les malheureux qui étaient venus implorer son secours, sa protection ou ses conseils. Car elle avait le talent d'obliger en mille manières. Tantôt elle réconciliait des époux désunis, tantôt elle réprimandait une jeune fille légère, une femme trop peu courageuse ou elle donnait des avertissements salutaires à un imprudent qui se fourvoyait. Ses avis qui partaient d'un cœur charitable et qui avaient l'accent de la conviction et du plus sincère intérêt étaient ordinairement reçus de bonne grâce et avec reconnaissance.

A huit heures la famille se réunissait pour le souper; puis on causait gaîment, et à dix heures tout le monde était retiré.

Les dimanches on assistait à la grand'messe et aux vêpres; après quoi, s'il faisait beau, les jeunes filles allaient avec leur père ou leurs frères se promener au loin dans la campagne. Quand le temps ne permettait pas de sortir, elles avaient la permission de se récréer à faire des gaufres ou à quelque passe-temps de ce genre.

Leur mère, durant ce temps-là, était tout entière à ses bonnes œuvres.

Arriva la révolution française. Mme Serret fut contrainte d'émigrer avec les siens. La famille se retira à Hambourg, où l'on passa huit ans. Dès l'arrivée, la confiance en Dieu de la pieuse Dame fut mise à une rude épreuve. Une cassette apportée de Valenciennes, contenant vingt mille francs, disparut à l'hôtel où l'on était descendu. Il fallut pendant un certain temps se restreindre beaucoup et vivre d'économies. Chacun alors s'ingénia pour multiplier les ressources communes. Peu à peu on put reprendre quelques affaires commerciales et l'aisance revint par la bénédiction de Dieu. Mais la régularité et la simplicité ne cessèrent jamais de régner dans la maison.

On rentra en France en 1802. M. Serret mourut le 8 février 1814 et aussitôt sa veuve se retira des affaires. Jamais elle ne quitta le deuil; mais sa mise d'une grande simplicité et propreté fut toujours soignée et cossue. Jamais elle ne portait de bijoux ni de colifichets, ni elle ne voulut avoir d'équipage. Visible à toute heure et pour tout le monde, dès le matin elle était en bonne tenue. Elle était levée d'ordinaire à cinq heures, et elle éveillait elle-même ses domestiques. Sa coutume était d'entendre plusieurs messes et de faire la sainte communion trois ou quatre fois la semaine. Elle rentrait vers huit heures pour prendre un peu de thé au lait, qu'elle se refusait même de sucrer. Après quoi, elle donnait audience aux malheureux, dont elle écoutait les plaintes et les demandes avec grande patience et commisération. Sa matinée se passait de la sorte, à proximité d'un cabinet où étaient rangés sur des rayons, toute espèce de vêtements numérotés avec ordre et répondant à tous les âges et à tous les besoins. Rien de ce qui y entrait n'y faisait long séjour et la provision s'y renouvelait sans cesse. Là se trouvait aussi une petite pharmacie, spécialement de l'eau pour les yeux malades, et différentes graisses qui opérèrent souvent d'admirables cures. Deux ouvrières travaillaient habituellement auprès d'elle et l'aidaient au besoin à faire les pansements.

Les repas commençaient toujours par la prière. *Benedicite*, disait-elle d'une voix élevée, puis elle continuait tout bas et les yeux fermés. Elle avait, pour les enfants, mis en usage la formule abrégée : *Seigneur, bénissez la nourriture que je vais prendre.*

Toujours elle partageait son dîner avec un pauvre du quartier, à qui elle envoyait une portion prise au plat commun. Pendant plusieurs années, ce privilége fut accordé à une fille hydropique , et il n'était pas rare, les jours de réunion de famille, de voir disparaître de la table les deux ailes d'une volaille, au profit de Jésus-Christ vivant en la personne d'un indigent infirme , avant qu'aucun des convives fût servi. Lorsqu'elle était seule, il lui arrivait de temps en temps d'admettre un pauvre à sa table.

Quant à elle, il était rare qu'elle prît du dessert; et elle s'était interdit le café ainsi que toute liqueur spiritueuse. Sa boisson la plus ordinaire aux repas était l'eau pure, et on attribuait à sa frugalité sa ferme santé et la fraîcheur de teint qu'elle conserva jusque dans un âge avancé.

L'après-midi, elle donnait de nouveau audience à toutes les infortunes, jusqu'à l'heure de la bénédiction du Saint-Sacrement.

Elle s'attachait à procurer de l'ouvrage aux personnes de bonne volonté qui en manquaient. Ainsi il y eut une époque où les dentelles de Valenciennes ayant perdu leur vogue, les marchands n'en trouvèrent plus le débit et par suite cessèrent de faire fabriquer. Il en résulta un chômage désolant pour grand nombre de dentellières qui n'étaient plus en âge d'apprendre un autre état. Madame Serret leur fit grand bien en les aidant à continuer leur travail, s'engageant à acheter leurs produits, qu'elle payait toujours comptant. Une partie de ces magnifiques dentelles furent plus tard cédées à des étrangers qui n'en trouvaient plus ailleurs ; et le reste fut distribué entre toutes les filles de madame Serret.

Chaque dimanche, elle recevait à sa table tous ceux de ses enfants qui étaient fixés à Valenciennes. Les petits enfants étaient admis au dessert et jouaient ensuite sous les yeux de leur vénérable aïeule, qui prenait grand plaisir à leurs ébats. Elle avait un zèle tout particulier pour la sanctification de cette jeune génération. Dans les cadeaux qu'elle faisait à ses petits-fils et petites-filles elle leur recommandait toujours expressément la part des pauvres, les formant ainsi à leur insu à l'habitude et au goût de l'aumône. Quand l'époque de leur première communion approchait, elle leur prodiguait ses pieux avis par écrit ou de vive voix. Voici une lettre qu'elle adressa en pareille circonstance à l'un d'eux:

Valenciennes, le 27 février 1818.

« Le témoignage, mon cher N., que m'ont donné
« vos parents de votre bon caractère me le fait regarder
« comme un heureux présage pour la grande action à
« laquelle vous vous disposez. Si le Seigneur par une
« grâce toute gratuite vous a doué d'un bon naturel,
« il vous en demandera compte un jour ; l'Evangile
« vous le dit. Faites donc, mon cher N., vos provisions
« et profitez de l'occasion de votre première commu-
« nion ; c'est bien la plus favorable de votre vie. Vous
« êtes assez instruit pour apprécier combien il est dans
« l'ordre qu'on soit reconnaissant ; et à qui devez-vous
« plus de reconnaissance qu'à Dieu, qui a bien voulu
« vous conduire au terme où il vous attend ? Ce sera un
« juste retour de tout ce qu'il a fait pour vous. Ah !
« mon cher ami, ne le payez pas d'ingratitude ; tâchez
« de lui rendre amour pour amour, en lui préparant
« votre cœur. Il désire en prendre possession ; il veut y
« faire sa demeure. Il va même jusqu'à vous dire qu'il
« est jaloux de le posséder. Qu'avez-vous à répondre à
« d'aussi vives et pressantes sollicitations d'un ami, qui
« tout à la fois est votre Seigneur et Maître ? Vous ne pou-
« vez que vous humilier et reconnaître votre néant, et
« protester qu'autant qu'il est en votre pouvoir vous dé-
« sirez répondre à cette immense bonté qu'il a pour vous.

« Employez donc les amis du Seigneur à ce qu'ils
« intercèdent pour vous. Il a daigné vous les faire
« connaître : ce sont les pauvres ; ce sont ses membres.

« Il accorde de grandes faveurs à ceux qui prennent
« intérêt à ce qui les concerne. Daigne le ciel vous
« favoriser toute la vie de cette grâce ! Vous allez donc
« profiter de tant de ressources qui vous sont offertes,
« en leur faisant part d'une partie de vos épargnes.
« Vous prierez votre maman de disposer de 10 francs
« pour moi, me trouvant trop heureuse de pouvoir
« participer à cette bonne œuvre.

« Quand vous posséderez J.-C., dans votre cœur,
« conjurez-le de n'en sortir jamais, de vous être
« favorable ; qu'il daigne vous combler de ses bénédic-
« tions, ainsi que votre papa et maman, et tous vos
« frères et sœur, et toute votre famille. Demandez-lui
« de vivre toute la vie en enfant soumis à Dieu et à vos
« parents. Si vous êtes fidèle, Dieu se plaira à vous
« accorder ses faveurs. Ce sont les désirs d'une bonne
« maman qui vous est tendrement attachée.

« Ayez soin de me faire part du jour de votre première
« communion.

« C'est par méprise que je vous ai écrit sur une demi-
« feuille de papier. »

Son expérience, sa bonté et sa discrétion inspiraient
une grande confiance à tous ceux qui pouvaient l'abor-
der. Ses petites filles, devenues grandes, lui demandaient
volontiers conseil dans les circonstances importantes de
la vie.

L'une d'elles ayant promis toute sa bourse aux
pauvres, si elle échappait à un malheur, fut exaucée
dans son désir. Mais grand fut son embarras pour
l'accomplissement de son vœu, dont elle ne s'était

point ouverte à ses parents. La bourse en question était de 3oo fr. La bonne maman consultée doubla la somme et acheta un précieux Christ de famille à des personnes déchues, qui furent très-soulagées par cet arrangement, en même temps que l'auteur de la promesse fut charmée de recevoir le Christ en cadeau.

Lorsque plusieurs des petites filles de Madame Serret, conjointement avec quelques amies, songèrent à former à Valenciennes une société charitable de couture pour les pauvres , elles s'en ouvrirent à leur bien aimée grand'mère, qui les encouragea vivement et qui, pour couper court aux hésitations et mettre l'œuvre en train, fit les premiers fonds de la petite association.

Elle avait un grand esprit de prière, et dans ses moments libres, chez elle, elle était souvent agenouillée, recueillie et s'entretenant avec Dieu. Elle aimait beaucoup les offices de paroisse et s'exécutait volontiers pour les besoins de l'Eglise. Ce n'est pas qu'elle fût prodigue ou portée par inclination naturelle à faire des largesses. Chez elle l'aumône était un fruit de son esprit de foi et d'une charité réfléchie. Dans son action de grâces après la sainte communion, et avant de quitter l'église, elle déterminait la quotité de ce que dans la journée elle affecterait à ses œuvres, et dès son retour au logis la somme projetée passait d'un tiroir dans une bourse, en même temps que dans la pensée de la pieuse dame la propriété de l'argent passait par avance aux malheureux. Sur les douze mille francs d'aumônes qu'elle faisait annuellement, une bonne part servait à aider dans leurs études ecclésiastiques des jeunes gens qui donnaient des espérances ; tant elle avait à cœur le recrutement du clergé, lorsque déjà on prévoyait la disparition prochaine des anciens du sanctuaire, sans que l'esprit du temps portât en général les familles à favoriser un genre de vocation qui n'avait plus rien de commun avec la richesse. Elle eut avant sa mort la consolation de voir un de ses petits-fils revêtu du sacerdoce. Avant cela, une des filles de sa fille aînée avait fait profession de la vie religieuse chez les Dames Bernardines d'Esquermes. Plus tard, dans trois autres branches, et à la génération suivante, il y eut deux prêtres, l'un compagnon du fondateur des petites sœurs des pauvres, le second, qui a déjà achevé son saint pélerinage, Père de la compagnie de Jésus, et enfin deux religieuses du Sacré-Cœur.

Vers la fin de sa vie, Madame Serret fut frappée d'apoplexie. Sa langue paralysée ne pouvait à la lettre articuler un mot intelligible, si court qu'il fût. Ce n'étaient que sons confus et dépourvus de sens, quoique la vénérable infirme fût parfaitement saine d'esprit. Seul, l'adorable nom de *Jésus-Christ* revenait constamment sur ses lèvres, aussi nettement prononcé dans ses trois syllabes qu'avant l'accident. C'était comme une prédication abrégée faite à quiconque venait la voir, comme un testament sommaire laissé à sa nombreuse famille et postérité, en même temps qu'une pieuse et efficace invocation de Celui qui est la voie, la vérité et la vie, et qui devait prochainement la recevoir dans les tabernacles éternels.

2 Avril 1864.

CAMBRAI. — TYPOGRAPHIE DE L. CARION, RUE DE NOYON, N° 9.